あいうえおフォニッ

JN037271

こんなこと
英語でどう言うの？

［著］スーパーファジー

KADOKAWA

もくじ

第4章

第9章

はじめに

この本では、英語のネイティブがよく使う表現を、65問のクイズにまとめました。

クイズを解くことで、生きた英会話はどういう文法でできているかがわかるようになっています。

なかでもとくに大事なのは、ヒントの動画です。この本の QR コードは、44本以上（のべ4時間以上）の動画につながっています。そこには解説と、さらなる例文が入っています。

水泳の本を読んだだけで泳げるようにはならないように、英語の文法がわかったからといって、英語が話せるようにはなりません。英文法を実際に使って話せるようになるために、アリーとファジーの発音をよく聞いて、いっしょにスピーキングの練習をしてみましょう！

スーパーファジー

クイズはどこから読んでもいいよ！

QR コードがついてない例文は、
その前の QR コードをスキャンすると、
つづけて聞けるよ！

第1章

いまのことは、
現在形で言うの？
現在進行形で言うの？
どっち？

この章では、
いつ現在形を使って
いつ現在進行形を使うのか
見てみよう！

ポイントは、動詞の種類！

アクションをあらわす動詞と
状態をあらわす動詞では
ちょっとちがうよ。

問題①
★★★★★

「彼女はサッカーしている」
って、英語でどう言うの？

1. She plays soccer.
2. She is playing soccer.
3. She will be playing soccer.
4. She has played soccer.
5. She has been playing soccer.

こたえ　ぜんぶ正解

ただし、自分の言いたい内容によって、どの時制を使うか決めよう！

 英語では「いつ」サッカーしているかで、言いかたが変わるんだ。

1. 水曜日は（いつも）、彼女はサッカーしている。

She **plays** soccer on Wednesdays.
　　　現在形

2. いま、彼女はサッカーしている。

She **is playing** soccer now.
　　　現在進行形

3. 明日の午後は、彼女はサッカーしている。

She **will be playing** soccer tomorrow afternoon.
　　　未来進行形

4. 8歳のときから、彼女はサッカーしている

She **has played** soccer since she was 8 years old.
　　　現在完了形

5. 1時間、彼女はサッカーしている。

She **has been playing** soccer for an hour.
　　　現在完了進行形

 日本語では、ぜんぶ「サッカーしている」だけど、英語では「いつも」なのか、「いま」なのか、「以前から」なのか、時間に合わせて、動詞の形を変えなきゃいけないんだね。

 そう。だから英語を話すときは、日本語で話すときよりも、時制に気をつける必要があるんだ。

問題②
★★

I walk to school. は、
現在形
「いま学校に向かって歩いている」
という意味。

◯ ✕

どっち？

ヒントは動画で！

現在形は、
現在じゃない
ときがある？

13

こたえ ✕

I walk to school. は、「いま学校に歩いていくところ」ではなくて、「いつも学校に歩いて通う」という意味。いつもの習慣を表現しているんだ。だから、朝昼夜いつでも、たとえ学校がお休みの日でも、「ふだんは歩いて学校に通う」と言いたいときは、I walk to school. と言うよ。

 アクションをあらわす動詞 (play, eat, go など) の現在形は、「いまそれが起こってる」という意味じゃなくて、「いつもそのアクションが起こる」っていうことをあらわすんだ。だから、ふだんの習慣や変わらない事実を言うのに、よく使うよ。

彼女サッカーするんですよ
She plays soccer.

話す瞬間に
サッカーしてなくてもいい

 じゃあ、「いま友だちとサッカーしている」は、どう言うの？

 そのときは、現在進行形を使うよ。

いまサッカーしている
She is playing soccer with her friends.
現在進行形

問題③
★★

She doesn't eat meat.
現在形

これは

1. いま、お肉を食べてない

2. いつもお肉を食べない

どっち？

ヒントは動画で！

こたえ　2. いつもお肉を食べない

つまり、彼女はベジタリアンということだよ。

現在形

She doesn't eat meat.

いつもの習慣

＊†の発音に注意してね！

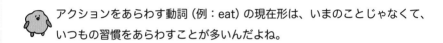

アクションをあらわす動詞（例：eat）の現在形は、いまのことじゃなくて、いつもの習慣をあらわすことが多いんだよね。

そう。反対に、「いままさに、お肉を食べないで残してるよ」ということを言いたいときは、現在進行形にしてね。

She's not eating meat.
(is)　現在進行形

いまの状態
まさに食べていないで
残してる！

問題④
★

「雨、降ってる？」と、

いまの天気を聞きたいときは、

1. Is it raining?
現在進行形

2. Does it rain?
現在形

どっち？

こたえ　1. Is it raining?

いまの状態が知りたいときは、現在進行形で聞くよ。

Does it rain?　と現在形で聞くと、「(ふだん) 雨は降るの？」という意味になるよ。たとえば、「6月は (いつも) たくさん雨が降る？」と聞きたいときは、Does it rain a lot in June? と、現在形で言うんだ。

 これは、「東京は (いつも) 雪が降る？」ということね！

問題⑤
★★★★

現在進行形は、

いまその瞬間 やっていないこと、

起こっていないこと、にも使える。

○ ✕

どっち?

ヒント

I'm learning how to cook.
いま、お料理習ってるんだ。

このとき、ファジーは料理を習ってる?

こたえ 〇

現在進行形は、話しているその瞬間に起こっていないことにも使えるよ。

 現在進行形は、まだ終わっていないこと、最近のトレンドや、起こることが確実な未来、などに使うことができます。

（最近は）ビデオで
授業する先生もいる。

Some teachers are **making video lessons.**

最近

＊トレンド
＊期間限定
いまだけのことなど

彼はいつも
文句ばかり言う。

He is always complaining.

＊ いつも〜だ
（批判・不満）　　　同じアクションがくり返される

あと5分で
電車が来る。

The train is coming in 5 minutes.

未来

＊ 話す時点で確定している未来のこと

おさらい

 自分がふだんやることを現在形で言ってみよう！

（夕食のあと、いつもなにしてる？と聞かれて）
だいたい YouTube を
見るよ。

I usually watch YouTube.

週に 4 回宿題が出る。

I get homework 4 times a week.

ときどき、朝、
走ってます。

Sometimes I jog in the morning.

1 日おきに
買い物に行くよ。

I go shopping every other day.

おさらい

 いまのことを現在進行形で言ってみよう！

私の話、聞いてる？
（いま、話を聞いてほしい）

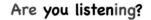
Are you listening?

だれと話してるの？
（いま電話している相手が知り
たい）

Who is he calling?

静かにして！
いま宿題やってる
んだから。

Be quiet!
I'm doing my homework!

テレビ
見てないんだったら
消して。
（いまだれも見ていない）

If you're not watching the TV,
turn it off.

問題⑥
★

「いま、ペン持ってる？」と
聞きたいときは、
Are you having a pen?
と、現在進行形で言う。

どっち？

ヒントは動画で！

進行形(ing)に
しない動詞
状態を表す動詞

こたえ ✕

Do you have a pen? と、現在形で言うよ！
have のように、状態をあらわす動詞は、いまのことでも、現在進行形にしないで、現在形で言うんだ。

 いまのことなのに、現在進行形にしない動詞は、ほかにもあるよ！

 I **like** chocolate.

たしかに、いまチョコレートが好きでも、I'm liking chocolate. とは言わないよね。

 I **want** to sleep.

 I **need** some help.

 Do you **know** him?

問題⑦
★★★★

「ハム古いみたい。くさいよ」と

言いたいときは、

1. The ham looks old.
   現在形

   It smells bad.
   現在形

2. The ham is looking old.
   現在進行形

   It is smelling bad.
   現在進行形

どっち?

こたえ　1. The ham looks old.
現在形

It smells bad.
現在形

 look や smell も、「〜のように見える」「においがする」という状態をあらわすときは、現在進行形にしないんだね。

アクション

The ham looks old.
現在形

She is looking at it.
現在進行形
〜を見ている

状態
〜のように
見える

 そう。looking のように進行形にできるのは「見る」というアクションをあらわすとき。同じ動詞でも、状態をあらわすのかアクションをあらわすのかによって、使う時制がちがうことがあるんだ。

それから、心の中で思うことや感じることも、現在形のままで言うよ。

状態動詞の例：
- 気持ちや意見など：like, love, prefer, dislike, hate, hope, think, understand, believe, agree, disagree, imagine, know, remember など
- 感覚：feel, hear, see, seem, smell, sound, taste, appear
- 所有：have, belong, own

 そうだった！　I like 〜とか、I have 〜と言うときは、いまのことでも現在進行形にしないで、現在形のままでいいんだよね！

問題⑧
★★★★★

「大阪に住んでるよ」と

言いたいときは、

1. I live in Osaka.
現在形

2. I am living in Osaka.
現在進行形

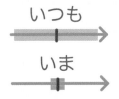

どっち？

ヒントは動画で！

「〜で働いてる」は
he **works** 現在形
he **is working** 現在進行形
どっち!?

こたえ どちらの可能性もあるよ！

ずっと大阪に住んでいるとき
1. I live in Osaka.
一時的に大阪に住んでいるときや、引っ越してきたとき
2. I am living in Osaka.

 ふつう「〜で働いている」というときも、現在形を使って言うことが多いけど、一時的なことや、最近の変化は、現在進行形で言うんだ。

He works at the company.

現在形 ＊当分その状況が変わらない

He's working at the company now.

転職したばかり

以前はちがう

He's working at the company now.

期限のあるアルバイトなど

以前はちがう　　　そのうち終わる

問題⑨
★★★★

なにかぼんやり考えごとをしてる友だちに、

「なに考えてるの？」と

聞くときは、

1. What do you think?
現在形

2. What are you thinking?
現在進行形

どっち？

こたえ

2. What are you thinking?
現在進行形

think を現在進行形にすると、「考える」というアクションを、いまやっている、つまり「考え中」という意味になるよ。

「ちょっと待って、まだ考え中だから」って言うときは、現在進行形！

だけど、「これどう思う？」と意見を聞きたいときは、What do you think? と現在形にしてね！

おさらい

 いまのことでも、現在進行形にしない動詞があるの、覚えてる？

いま、セロハンテープいるんだけど。

I need some tape right now.
現在形

✗ I'm needing...

このお茶、おいしい。

This tea tastes good.
現在形

✗ This tea is tasting good.

彼は日本語がわかるの？

Does he understand Japanese?
現在形

✗ Is he understanding...

彼の名前、覚えてる？

Do you remember his name?
現在形

✗ Are you remembering...

おさらい

 現在形と現在進行形のちがい、わかるかな？

私のコンピューター
は（いつも）遅い。

My computer **is** slow.
現在形

（いつもは速いのに）
今日は、コンピュー
ターが遅い。

My computer **is being** slow today.
現在進行形

私の先生は、
いい先生だと思う。
（自分の意見）

I **think** my teacher is great.
現在形

先生になろうかどう
か、いま考え中。
（考える、というアクションの
途中）

I'm **thinking** of becoming a teacher.
現在進行形

第2章

Do you? か、Are you?

パッと言うのは、意外に
むずかしいんですよね……

この章では、
　・動詞と形容詞のちがい
　・まちがいやすい形容詞
　・「だんだん〜になる」
　の言いかたを練習しよう！

問題⑩
★

「おなかすいてる？」と

聞きたいときは、

1. Are you hungry?

2. Do you hungry?

どっち？

ヒントは動画で！

Be動詞は
なめちゃダメ!?

こたえ 1. Are you hungry?

おなかがすいた（hungry）は形容詞だから、be 動詞であらわすよ。

 人やものの状態を説明するのには、be 動詞＋形容詞が便利だね！

おなかがすいている
I am hungry.
主語 ＝ 形容詞

おなかがいっぱい
He is full.
主語 ＝ 形容詞

いそがしい（busy）― ひま（free）、

うるさい（noisy）― 静か（quiet）、

おもしろい（interesting/good）―つまらない（boring）

のように、反対の意味の形容詞とセットで覚えるといいよ！

I'm を「アイム」と発音してないかな？ QR コードで、動画の発音をしっかり聞いて、まねしてね。会話では、be 動詞はさくっと短縮形で発音するのがポイントだよ！

be動詞は短く！

I'm は**アイム**
じゃないよ！

I am	I'm
he is	he's	you are	you're
she is	she's	we are	we're
it is	it's	they are	they're

問題⑪
★★★

お店に電話をかけて、

「今日は開<ruby>開<rt>あ</rt></ruby>いてますか？」と

聞きたいときは、

1. Are you open today?

2. Do you open today?

　　　　　　　どっち？

こたえ 1. Are you open today?

「開いている」という状態をあらわすときは、be 動詞 + open （形容詞）で言うよ。

 open は、動詞（アクション）にも形容詞（状態）にもなるんだね。

今日は、図書館は開いている

【状態】

The library is open today.
形容詞

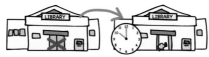

図書館は、10時に開く

【アクション】

The library opens at 10.
動詞

 反対に、close は、「閉まってる」っていう状態を言うとき、closed（形容詞）になるから、注意してね！

The library is closed today.
【状態】

今日は、図書館は**閉まっている**

dを忘れないで

動詞　　　形容詞

close closed

38

問題⑫
★★★

やることがなにもなくて、
「たいくつしてない？」と
相手に聞きたいときは、
Are you boring?

どっち?

ヒントは動画で！

日本人が間違いやすい形容詞

つまらない は boring?
bored?

39

こたえ ✗

Are you boring? だと、「あなたは（たいくつで）つまらない人ですか？」という意味になってしまうよ。正しくは、Are you bored?

 あれ？ でも、「この本はつまらない」と言うときは、This book is boring. って言うんじゃないの？

 This book is boring.
この本　＝　つまらない
　　　　　　おもしろくない

 I am boring.
わたし ＝ つまらない人
　　　　　おもしろくない人

 boring というのは、「だれかをつまらなくさせるもの」、つまらなさの<ruby>原因<rt>げんいん</rt></ruby>に使う形容詞なんだ。

その<ruby>結果<rt>けっか</rt></ruby>、つまらないと感じること（気持ち）は、bored という形容詞を使うよ。

つまらない……

I am bored.

40

問題⑬
★★★★

なにか失敗して

「超はずかしい！」と

言いたいときは、

1. I'm so embarrassing!

2. I'm so embarrassed!

どっち？

こたえ 2. I'm so embarrassed!

embarrassing と embarrassed は、どちらも「はずかしい」という意味の形容詞だけど、なにか原因があって、その結果、自分がはずかしいと思っているときは、embarrassed と言うんだ。

 もともとは、だれかをはずかしいと思わせる、という意味の動詞 embarrass からできた言葉なんだ。

She is embarrassing me.
原因

I am embarrassed.
受け手

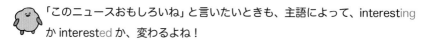 「このニュースおもしろいね」と言いたいときも、主語によって、interesting か interested か、変わるよね！

This news is interesting.
おもしろい

↑
「おもしろい」
と思わせる
原因

I am interested in the news.
おもしろいと思う

↑
「おもしろい」
と思った
受け手

What?

おさらい

 「つかれた」、「わかりにくい」、「はずかしい」って、英語で言える？

その試合は、ハラハラする。

彼は興奮している。

The game is exciting.

He is excited.

買い物はつかれる。

彼女はつかれている。

Shopping is tiring.

She is tired.

この地図はわかりにくい。

ぼくたち、わかんなくなっちゃったよ。

This map is confusing.

We are confused.

彼女は、はずかしい。

ぼくは、はずかしい。

She is embarrassing.

I am embarrassed.

おさらい

 「ムカつく」、「イライラする」、「すっきりする」って、英語で言える？

結果は意外だった。

ぼくらはびっくりした。

彼女はうるさい。

彼はムカついてる。

長い行列に並ぶのは
イライラする。

彼女はイライラしてる。

プチプチをつぶすの
って、すっきりする。

彼女はすっきりした。

問題⑭
★★★

「ぬれる」は wet
「よごれる」は dirty
と言う。

どっち?

ヒントは動画で！

こたえ ✕

「ぬれる」は get wet、「よごれる」は get dirty だよ。形容詞には「〜になる」という意味はないから、「〜になる」というアクションを言いたいときは、get + 形容詞であらわすんだ。

状態を言うとき：be動詞＋形容詞

It is wet.
もうすでにぬれている

They are dirty.
もうすでによごれている

変化を言うとき：get＋形容詞

dry　→　**get wet**
　　　　　　ぬれる

clean　**get dirty**
　　　　　よごれる

---

 get + 形容詞で、「〜になる」という変化をあらわせるんだね！

get nervous
緊張する

get married
結婚する

get hungry
おなかがすく

get sick
気持ち悪くなる

問題⑮
★★★★

「だんだん寒くなってきたね」

と言いたいときは、

1. It gets cold.
   現在形
2. It is getting cold.
   現在進行形

どっち?

ヒントは動画で！

だんだん〜に
なってきた
って英語でどう言う？

こたえ 2. It is getting cold.

「だんだん〜になってきた」といういまの変化は、be getting ＋形容詞であらわせるんだ。ちなみに、It gets cold at night. のように現在形で言うと、「夜は寒くなる」という、いつもの事実を言っているだけになるよ。

I am tired.　　I am getting tired.

いま
（もう）つかれ**ている**

いま
だんだんつかれ**てきた**

I will be tired.　　I will get tired.

（このあと）
つかれ**ている**だろう

（このあと）
つかれ**る**だろう

 ついでに、過去形になったときのちがいも、チェックしよう！

I was tired.　　I got tired.

（この前）
つかれ**ていた**

（この前）
つかれ**た**

48

おさらい

 開いてるか閉まってるか、営業時間を聞けるかな？

郵便局は
今日開いてる？

> Is the post office open today?

スーパーは、
なん時に開くの？

> What time does the supermarket open?

（お店の人に）
なん時まで
開いてますか？
なん時に
閉めますか？

> How long are you open?

> When do you close?

営業時間は
いつですか？

> When are you (guys) open?

おさらい

 「だんだん〜になってきた」って、言えるかな？

緊張してきた。

I'm getting **nervous**.

おなかすいてきた？

Are you getting **hungry**?

彼は、背が高く
なってきた。

He is getting **taller**.

私は、目が悪く
なってきた。

My eyesight is getting **worse**.

第3章

a とか the とか
複数形の s とか
it と that のちがいとか

日本語にないルールがわからない……

この章では、
日本語にない、英語ならではの
・複数形の使いかた
・a と the のちがい
・it と that の使いわけ
・イントネーション
・there is ／ are の使いかた
を練習してみましょう！

問題⑯
★★

「このクッキーおいしいね」と

言いたいときは、

1. This cookie is good.

2. These cookies are good.

どっち?

こたえ

2. These cookies are good.

英語では、主語の数にも注意しよう！ This cookie is good. と言うと、食べているそのクッキーだけがおいしい、という意味になってしまうよ。目の前にいくつか（複数枚）クッキーがあるときは、these cookies と、複数形にしよう。

these cookies
このクッキー

英語では名詞の**数**も大事！

this cookie →
このクッキー

 英語は、いつでも「数」のことを考えなきゃいけないから、めんどくさいね。

 主語が複数形になるときは、それに合わせて be 動詞のほうも複数形に対応する形にするのを忘れないでね。

たとえば「いま学校は開いてないよ」と言うとき、いくつかの学校のことなら、schools と複数形で言うよ。

The schools aren't open.

問題⑰
★

1個しかなくても
複数形になる名詞がある。

〇 ✕

どっち？

1個なのに
複数形!?

ヒントは動画で！

日本人が間違いやすい文法

they＝彼ら
だけじゃない!?

こたえ 〇

英語では、複数形しかない名詞があるんだ。

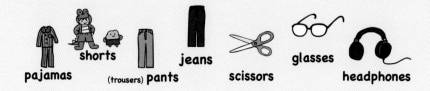

pajamas　shorts　(trousers) pants　jeans　scissors　glasses　headphones

 めがねやズボンみたいに、2つの形がセットで1つになるものは、1つでも複数形にして言うんだね。

 そう。だから、ハサミやズボンなどを代名詞で呼ぶときには、it ではなくて、they を使うことに注意してね。

These pants are too big.

They are too big.

×It is too big.

それからくつや、くつ下、手ぶくろなどは、片方しかないときと、両方あるときで、数えかたや代名詞が変わるんだ。

shoes　socks　gloves

a shoe　a sock　a glove

問題⑱
★★

「（どんなペンでもかまわないから）

ペンがいる」と言いたいときは、

1. I need a pen.

2. I need the pen.

どっち？

こたえ　1. I need a pen.

a pen は、「ペンだったらどれでもいい」ということ。一方、the pen は、どれかはっきり決まっていて、話しているときにも、すぐ「そのペンだ！」とわかるようなときに使うよ。

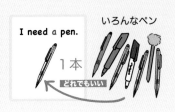

「どれでも（だれでも）いいから1つ」というときは、a を使うんだね！

問題⑲
★★

「彼女は、背の高い男の子が好き」と

言いたいときは、

1. She likes a tall boy.

2. She likes tall boys.

どっち?

こたえ 2. She likes tall boys.

特定のだれかじゃなくて、背の高い男の子が好みのタイプ、と言いたいときは、tall boys と、複数形にするよ。

 もし、She likes a tall boy. と言ったら、どういう意味になるの？

She likes a tall boy.
His name is Mike.

 そのときは、「ひとりの」男の子が好き、という意味になるから、だれか特別な子が好き、という感じがするんだ。

 じゃあ、「イケメンが好き」「やさしい人が好き」と言うときも、複数形ね！

 そう。同じように、たとえば「りんごが好き」と言うときにも、I like apples. と複数形にしてね。I like an apple. と言うと、１つだけ好きなようで、変な感じがするよ。

○ I like apples.　　　**✕ I like an apple.**

好きなのは
このりんごだけ！

No!

問題⑳
★★★★

ファジーが「テストで 100 点取った！」

I got 100% on my test!

と、よろこんでいるよ。

「よかったね」と言いたいときは、

1. It is great.

2. That is great.

どっち？

ヒントは動画で！

こたえ 2. That is great.

相手の話にリアクションして、「それは〜だね」と感想を言うときには、
that を使うよ！

 that は、自分から遠いもののことを指していう言葉だけど、そこから、相
手の話も that で受けることができるんだ。

 このとき、イントネーションにも気をつけてね。下がり口調や、フラット
な調子で、That's great. と言うと、相手の話に興味がないように聞こえちゃ
うよ。

問題㉑
★★★★

「映画どうだった？」

How was the movie?

と聞かれて、

「つまらなかった」と言いたいときは、

1. It was boring.

2. That was boring.

どっち？

こたえ 1. It was boring.

なにか（１つのもの）の感想を聞かれたときは、it を主語に答えよう！

 英会話では、なにかの感想を聞かれることが多いよね。「あのレストランおいしかった？」「その本はおもしろい？」のように、だいたい１つのものについて質問されることが多いから、返事では、it を主語にすることが多いんだ！

How was the restaurant?
↳ It was great.
How was the book?
↳ It was great.
How was the movie?
↳ It was boring.

 ちなみに、複数形のものへの感想は、they を使うよ！

flower
flowers
They are beautiful.
it
they

おさらい

 1つなのに複数形で言う名詞、覚えてる？

新しいサングラス
買ったんだ。
気に入った？

I've got new sunglasses.
Do you like them?

見て、あのくつ！
高すぎるわ。

Look at those shoes!
They are too expensive.

わたしのハサミどこ？

Where are my scissors?

テーブルの上に
あるよ。

They are on the table.

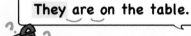

自分の服をひろって、
カゴに入れなさい。

Pick up your clothes and
put them in the basket!

おさらい

 it と that、どっちかわかる？

昨日風邪ひいちゃった。

> I caught a cold yesterday.

それはたいへんだね。
（相手の話へのリアクション）

> That's too bad.

ピザどう？

> How's the pizza?

おいしいよ！
（ピザの感想）

> It's good.

試験どうだった？

> How was the exam?

最悪だった。
（試験の感想）

> It was terrible.

娘が中学生になるんです。

> My daughter is starting middle school.

それはすばらしい！
（相手の話へのリアクション）

> That's fantastic!

問題㉒

Cool. は、
「かっこいい／よかったね」
という意味じゃないときがある。

○✗

どっち?

I beat the final boss!
（ラスボスやっつけた！）

Cool.

ヒントは動画で！

イントネーション

大事だよ！

イントネーションで
意味が変わる？

こたえ ◯

cool は、相手の話に興味がなくて、「あっそう」と聞きながすときに使うことがあるんだ。「すごいね」という意味で使いたいときは、イントネーションに注意しよう！

 英語は、イントネーションで、ずいぶん意味が変わるんだね。

 たとえば、「おもしろいね！（That's interesting.）」と相づちを打つときも、しっかりアクセントのあるところで音の高低差をつけないと、「あ〜はいはい、おもしろいよ」と、皮肉を言っているように聞こえちゃうんだ。

友だちが、携帯電話をさがしているよ。

「あなたの携帯、テーブルの上にあるよ」と

教えてあげるときは、

There is your phone on the table.

どっち?

ヒントは動画で！

こたえ ✗

There is ／ are 〜を使うのは、それまでに会話に出ていない、新しい情報を伝えるときだよ。Your phone のように、すでに話に出ているものを言うときは、それを主語にして文章にすればいいんだ。

Your phone is on the table.
┌→ ┐ **It** is on the table.
もう知っているものは
there is
を使わないよ

There is ／ are は、「〜がある」と言うときに、いつも使えるんじゃないんだね。

たとえば、「うら庭にネコがいるよ」と言うときにも、知っているネコなのか、知らないネコなのか、それによって言いかたが変わるんだ。

There's a cat in the backyard.
知らないネコ

The cat is in the backyard.
知ってるネコ

問題㉔
★★

「トイレにゴキブリがいる！」

と言うときは、

1. A cockroach is in the bathroom!

2. There is a cockroach in the bathroom!

どっち？

こたえ 2. There is a cockroach in the bathroom!

トイレのゴキブリ (a cockroach) は、それまで知らなかった新しい情報だから、there is で言うよ。

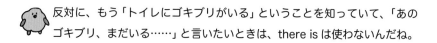 反対に、もう「トイレにゴキブリがいる」ということを知っていて、「あのゴキブリ、まだいる……」と言いたいときは、there is は使わないんだね。

そういうこと！　the をつけて、ふつうに主語にするか、代名詞を使って、It's still there. と言うよ。

すでに知っているもの

○ **The cockroach is still there...**
(in the bathroom)

おさらい

 かんたんな形容詞も、イントネーションに気をつけよう！

映画どうだった？
（イントネーションでニュアンスを変えよう！）
ほんとうにおもしろかった。
まあまあ、OK かな。

お休みにハワイ行くんだ！

いいね！

車洗うと、いつも雨降るんだよね。

（皮肉で great を使って）
あ〜、それはたいへんだね。

明日算数のテストがあるの。

（皮肉で fun を使って）
それはよかったね。

73

おさらい

 「どこどこに、〜はありますか？」って聞いてみよう！

バス停は近くにあり
ますか？

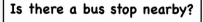 Is there a bus stop nearby?

寝室にエアコンあり
ますか？

Is there an air conditioner
　　　　　in the bedroom?

アパートの近くに、
コインランドリーは
ありますか？

Is there a laundromat
　　　　near the apartment?

このあたりに、
おいしいレストラン
ありますか？

Is there a good restaurant around here?

第4章

未来に起こることが
英語で言えるようになりたいな！

この章では、
未来のことを言うときの
　・will と be going to のちがい
　・will を使わない未来の言いかた
　・「〜かもしれない」と想像するときの言いかた
　・「だんだん〜になる」の言いかた
などを練習するよ！

問題㉕
★

「お昼なに食べるの？」

と聞かれて、

「サンドイッチ食べるつもり」

と言うときは、

1. I'm going to have a sandwich.

2. I'll have a sandwich.

どっち？

ヒントは動画で！

リダクション
going to
gonna

こたえ 1. I'm going to have a sandwich.

食べようと予定していたときは、be going to を使って言うよ。

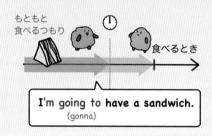

反対に、なにを食べるか決めていなくて、「サンドイッチでも食べよっかな」って、そのとき決めたなら、will を使って言うんだよね。

そういうこと！　それから、会話では going to は gonna（ガナ）と省略して発音するよ。

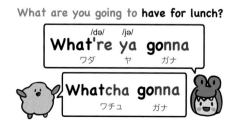

問題㉖
★★

「あとで電話するね」と

言うときは、

1. I'm going to call you later.

2. I'll call you later.

どっち?

ヒントは動画で！

Will は
短く

こたえ 2. I'll call you later.

自分がこれからやることを、相手に約束するときには、
will を使って言うよ。

 約束というほどかしこまってなくても、相手に「〜するからね」と伝えたいときは、will を使うんだ。

I'll be there at 6.

あそこで6時ね！

 だから、待ちあわせや打ちあわせの予定を、おたがいに確認するときも、will をよく使うんだね。

I'll see you at the West Exit of Shinjuku Station.

新宿駅西口で待ち合わせね！

問題㉗
★★

「もう、おやつがない」

と言われて、

「じゃあ、買ってくるね」

と言うとき、

1. OK, I'm going to go get some.

2. OK, I'll go get some.

どっち？

いま

There's no snacks.

いま買いに行くのを
決めた

ヒントは動画で！

be going to
ちがいがわかる？
大人の
フォニックス　will　日常会話では
こう使う！

こたえ 2. OK, I'll go get some.

その場でぱっと決めたことは、will を使って言うよ。

go get 〜は go and get 〜と同じで、「〜を買いに行く」という意味。
会話でよく使う表現だよ。おやつ (some snacks) を買いに行くね、と
いうことだけど、snacks はもうわかっていることだから、くり返さな
いで、go get some で「ちょっと買ってくるね」という意味になるよ。

 ちなみに、お菓子がないのは知ってて、もともと買うつもり (予定) だった
ときには、be going to を使うんだよね。

 たとえば、電話が鳴って「ぼく、出るよ！」と言うときも、ぱっと思いつい
たことだから、will で言うよ。

問題㉘
★

I will の短縮形 I'll は
「アイル」と発音する。

○ ✕

どっち?

I will アイ ウィル ➡ I'll アイル ?

こたえ ✕

主語を強調しないとき、I'll は「アォ」や「アゥ」のように発音するよ。/l/ の音はくらい音で、舌が上の歯のうら側についていなくてもいいんだ。カタカナや発音記号を目安に、アリーとファジーの発音をよく聞いて、練習しよう。

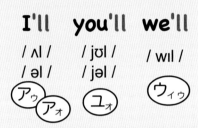

 will は、約束や意気込みをあらわすから、歌の歌詞にもよく使われるよ。(will は名詞で「意志」「遺言」という意味もあるんだ。)

約束
意気込み
コミットメント

 その場で思いついたときに使う will とは、大ちがいだね！

おさらい

 going to を gonna と、省略できる？

彼女、彼と結婚
するかな？

Is she going to marry him?

Is she gonna marry him?

今日の夜、
なにするの？
(What are you going to の発
音に気をつけてね)

What are you going to do tonight?

What're ya gonna do tonight?
　　　ワダ　ヤ　ガナ

明日、なん時に
出発するの？

What time are we going to leave tomorrow?

What time are we gonna leave tomorrow?

宿題が終わったら、
ユーチューブ見よっと。

I'm going to watch YouTube
(gonna)
after I finish my homework.

おさらい

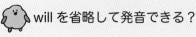 will を省略して発音できる？

手伝います！

I'll help you.

大丈夫！
彼は元気になるよ！

Don't worry. He'll be fine.

彼女がいつ帰って
くるか、知ってる？

Do you know when she'll be back?

どうしたの？

What happened?

あとで話す！

We'll tell you later.

問題㉙
★★★

「明日雨が降ったら、試合は延期です」

と言うときは、

1. If it will rain tomorrow, the game will be postponed.

2. If it rains tomorrow, the game will be postponed.

どっち？

ヒントは動画で！

まちがえやすい英語のポイント 未来なのにwillを使わないの？

こたえ 2. If it rains tomorrow, the game will be postponed.

if it rains
現在形
雨が降ったら

tomorrow だから、ついつい will をつけたくなるけど、if を使って、「もし〜だったら」と言うときは、現在形のままでいいんだ。

 あれ？　でも、「明日は雨が降るだろう」って言うときは、will を使うよね。

It will rain tomorrow.
予測

わたしは雨が降ると思う。

そう。でも、これを if にそのままくっつけると、「明日は雨が降るだろう『と思ったら』試合は延期」、という意味になってしまうんだ。

if it will rain tomorrow

いま

思ったら → 試合は延期？

だから、「(実際に)雨が降ったら」という条件を言いたいときは、現在形を使うよ！

問題㉚
★★★

「部屋を出るときは、電気消してくれる？」
と言いたいときは、

1. Will you turn off the lights
   when you leave the room?

2. Will you turn off the lights
   when you will leave the room?

どっち？

電気消して　　部屋を出るとき

こたえ

1. Will you turn off the lights when you leave the room?

部屋を出るのは、これから起こる未来のことだけど、when を使って言うときは、現在形でいいよ。

ちなみに Will you 〜? は、家族や、ほんとうに親しい友だちに「〜して」とお願いする言いかた。そこまで親しくない人に使うと、命令しているみたいに聞こえるから注意してね。

if	〜したら
when	〜するときに
before	〜する前に
after	〜したあとで
until	〜するまで
as soon as	〜したらすぐに

未来に起こることでも **現在形** でいいんだね！

などなど

I will take a bath before I go to bed.

寝る前に、お風呂に入るわ。

You can't watch YouTube until you finish your homework.

現在形

宿題が終わるまで、ユーチューブは見ちゃダメ。

問題㉛
★

I won't do it. と
I want to do it. は、

カタカナで書くと、どちらも

「アイ・ウォントゥ・ドゥー・イットゥ」

になる。

どっち?

I won't do it.
やりたくない

I want to do it.
やりたい

こたえ ✗

音節の終わりの t は「トゥッ」と発音しないから、I won't do it. は「アィ・ウォゥン・ドゥー・イッ」のように聞こえるよ。

won't
ウォゥン

want to
ウォン トゥ
（ワ ナ）

want to と won't (will not の短縮形) の発音のちがいは、母音よりも、音節の数のほうが、大事なんだね。

won't を「ウォントゥ」と発音してしまうと、want to に聞こえてしまうから、注意してね！　音節の数に気をつけて、発音をマネしてみよう！

I won't do it.
(will not)
絶対やらないよ

反対に
聞こえたら
たいへん！

I want to do it.
やりたい
えっ

おさらい

 未来に起こることでも、will を使わないときがあるの、覚えてる？

電話かけたら、
よろこぶと思うよ。

If you call them, they'll be happy.
現在形

コーヒー飲んだら、
寝られないよ。

If you drink coffee,
現在形
you won't be able to sleep.

来る前に
テキストくれる？

Can you text me before you come?
現在形

(text は、SMS、ショートメッ
セージサービスでメッセージ
を送ること)

駅に着いたら、
すぐ電話して。

Call me
as soon as you arrive at the station.
現在形

おさらい

 won't と want to の発音を練習しよう！

外にはぜったい
出ないわ。

外に出たい！

そのことはぜったい
話さないから。

（そのことを）
話した〜い！

問題㉜
★★★★

「雨が降るかもしれない」

と言うときは、

1. It will rain.

2. It might rain.

　　　　　どっち？

ヒントは動画で！

〜かもしれない は **might**

かんたん・すぐ使える！

こたえ　2. It might rain.

It will rain. は「ほぼ雨が降るだろう」と思っているときに、It might rain. は「降るかもしれない」と思っているときに、使うんだ。

 「〜かもしれない」と言うときは、might!

 そうだね。 may にも、「〜かもしれない」という推量の意味があるけど、アメリカのふだんの会話では、ほとんど使わないんだ。

問題㉝
★★★★

「彼は来ないかもしれない」

と言うときは、

1. He may not come.

2. He might not come.

　　　　　　どっち？

こたえ 2. He might not come.

100%
He will not come.
主語　　　　　　　動詞

彼は、来ないかもしれない

50%
He might not come.
主語　　　　　　　動詞

会話では、may は、なにかをしてもいいか「許可」を求めたり、与えたりするときに使うことが多いんだ。単純に「来ないかもしれない」と言いたいときは、might not を使うといいよ！

 単語の終わりの t はトゥッって言わないから、might を「マイト」と読まないでね。

マィ　　ナッ
might not

「マイトノット」
じゃないよ！

100%
It will not rain tonight.
主語　　　　　　　動詞

今夜、雨は降らないかもしれない

50%
It might not rain tonight.
主語　　　　　　　動詞

問題㉞
★★

What do you do after dinner?
というのは、

「今日、夕ごはんのあと、なにするの？」

という意味。

〇 ✕

どっち？

こたえ ✕

What do you do after dinner? は「いつも、夕ごはんのあと、なにをしているの?」という意味。「今日、夕ごはん食べたらなにをするの?」と聞きたいときは、What are you going to do after dinner? と、be going to を使ってね。

What do you do after dinner?
　　　現在形　　　　（いつもの習慣）
—✕—✕—✕—✕—✕—✕—✕→

What are you going to do
 未来の予定　　　after dinner?
————————————✕———→ （これから）

 たとえば、What are you going to do tomorrow?「明日なにする予定?」って聞かれて、なにも予定がないときや、あんまりはっきり決めてないときはどう答えればいいの?

 そのときは、I will probably 〜とか、Maybe I will 〜とか、I might 〜を使うといいよ!

問題㉟
★★★

「平均気温がだんだん上がっている」

と言うときは、

1. The average temperature goes up.

2. The average temperature is going up.

3. The average temperature will go up.

どれ？

ヒントは動画で！

だんだん〜に
なってきた
って英語でどう言う？

こたえ 2. The average temperature is going up.

いま、だんだん起こっている変化は、動詞を現在進行形にすることであらわすことができるよ。

1. The average temperature goes up. と現在形で言うと、「平均気温は、いつも上がる」という意味。

3. The average temperature will go up. は、「(いまは平均気温は上がっていないが、)将来上がるだろう」という意味になるから、おかしいよね。

 そういえば、「だんだん寒くなってきた (P.47)」も、現在進行形で言うんだったよね！

 「〜する人が増えている」と言うときにも、more people を主語にして、動詞の現在進行形を使うと、かんたんに変化を表現できるよ。

More and more people are speaking English.
英語を話す人が、ますます増えている。

More and more people are watching anime.
アニメを見る人が、ますます増えている。

おさらい

 「かもしれない」を、might で言える？

彼女からテキストの
返事がない。

She didn't text me back.

She might be busy.

いそがしいのかも。

なに食べるの？

What are you going to eat? (gonna)

I don't know.
I might have a hamburger.

わかんない。
ハンバーガーかな
……。

今週末、なにするの？

What are you going to do this weekend? (gonna)

I haven't decided.
I might go to the beach.

決めてない。
海に行くかも。
（英語では、go to the sea と
言わず、「ビーチに行く」と
言うよ）

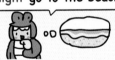

ちょっと顔色悪いけど。
大丈夫？

You look a bit pale. Are you OK?

I might have a cold.
I might not go to work tomorrow.

風邪かもしれない。
明日は仕事に行かな
いかも。

103

おさらい

「だんだん〜になっている」を、現在進行形で言えるかな？

漢字をだんだん
忘れてきた。

I'm forgetting kanji.

英語がじょうずに
なってきた。

My English is improving.

食べ物の値段が
だんだん上がっている。

Food prices are going up.

オンラインショッピ
ングが増えている。

Online shopping is growing.

第5章

過去形は、
文字から想像するより
ずっと短い音だよ！

まず、発音をかんちがいしてないか
チェックしよう！

ネイティブの話す英語が聞きとれないのは、
早口のせいではありません。

自分の頭でイメージする英語の発音が
実際の音とずれていると、
ゆっくり言われても聞きとれないんですよ
ね。

この章では、
まちがいやすい過去形の発音に注目して、
ネイティブの英語が聞きとれるように
練習しましょう！

問題㊱
★

「ピザじゃなくて、ラーメン食べたかった」

I wanted to eat ramen, not pizza.

wanted の発音は、

「ウォンテッド」

どっち？

ヒントは動画で！

こたえ ✖

wanted の d は、「ドゥッ」や「ド」と発音しないんだ。
wanted to は、「ウォン・テッ・トゥ」か「ワ・ネ・トゥ」と発音するよ。
音をよく聞いて、練習してみよう！

🇬🇧 **wanted**
　ウォン　テッ

🇺🇸 **wanted**
　ワ　ネ

 過去形の ed のあとに the がつづくときも、つなげて発音してね！

I need the key.
ストップ

ストップ

I needed the key.
ストップ

カギが必要だ・必要だった

I hate the color red.
ストップ

I hated the color red.
ストップ

赤い色はきらいだ・きらいだった

wash や call の過去形の発音は、

現在形とほとんど変わらない。

どっち？

wash
washed

call
called

ヒントは動画で！

その過去形、
強調しすぎ かも
-ed

こたえ ◯

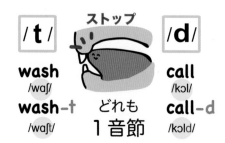

/t/　ストップ　/d/

wash
/waʃ/

wash-t
/waʃt/

どれも
1音節

call
/kɔl/

call-d
/kɔld/

washed や called のように、語尾を /t/ や /d/ で発音する過去形は、ed の文字が増えても、音節は増えないんだ。「ウォッ・シュ・トゥッ」「コー・ル・ドゥッ」と発音しないように、QR コードの動画で音をよくチェックしてね！

 現在形と過去形、発音が似ていても、話の流れでどちらかわかるから、心配しないでね。

I sometimes wash the dishes.

現在形

習慣の話

「ときどき、
お皿を洗うよ」

/t/
I washed the dishes yesterday.
ストップ

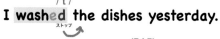

過去形

（終わった行動）　now

「昨日、お皿を洗ったよ」

問題㊳
★

did you は、

「ディジュ」と発音する。

○ ✕

どっち?

Did you do your homework?

ヒントは動画で！

did you
は 短く

こたえ ⭕

（ただし、ネイティブはもっと短く発音することもあるよ）

最初は、did you を「ディジュ / dɪdʒə/」と発音する練習をしよう！

did you だけじゃなくて、would you, could you, told you のように、d のあとに you がつづくときは、同じように「ジュ」とつなげるんだよね！

それから、カジュアルなネイティブの会話や、英語のドラマ、映画などでは、did you を、ただの「ジュ /dʒə/」と省略することも多いんだ。

Did you find your cat?

ディジュ /dɪdʒə/ または ジュ /dʒə/

ネコ見つかった？

LOST

What did you do today?

ディジュ /dɪdʒə/ または ジュ /dʒə/

え〜っと……

今日なにしたの？

問題㊴
★★★

did he は「ディドゥ・ヒー」
did she は「ディドゥ・シー」
と発音する。

どっち?

Did he?　　Did she?

ヒントは動画で！

スピーキング
不規則な
過去形 チャレンジ④
英語でお弁当は なんて言う？

スピーキング
不規則な
過去形 チャレンジ⑤
じつは did って 言ってないの!?

こたえ ❌

did he は、he の h の音が省略されて「ディディ」、did she は did の終わりの /d/ が省略されて「ディシー」のように発音することが多いよ。

 did he と did she がどう発音されてるか、動画でよく聞いてね！

Did she go to school?
ディシー

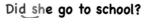

Did he teach English?
ディディ

Did he give them homework?
ディディ

Did she see her friends?
ディシー

おさらい

 過去形の ed、強く言いすぎないように発音できるかな？

去年の夏、おじいちゃんとおばあちゃんのうちへ行った。

We visited our grandparents last summer.
/ ɪd /

最近ここに引っ越してきました。

/ d /
We moved here recently.

髪型変えたの。

/ d /
I changed my hairstyle.

わたし、宿題終わった！

/ t /
I finished my homework!

おさらい

 不規則な活用の過去形の疑問文、否定文も練習しよう！

彼らバスで行った？

Did they take a bus?

いや、バスでは行か
なかった。
電車で行ったんだ。

No, they didn't take a bus.
They took a train.

彼、ピザ持ってきた？

Did he bring pizza?

いや、ピザは持って
こなかった。
ドーナツ持ってきた。

No, he didn't bring pizza.
He brought donuts.

彼女は、電話した？

Did she make a phone call?

いや、電話しなかった。
メールを送ったよ。

No, she didn't make a phone call.
She sent an email.

彼女、先生に会った？

Did she meet a teacher?

いや、先生には会わ
なかった。
お隣さんに会ったよ。

No, she didn't meet a teacher.
She met a neighbor.

第６章

ズバリ！
現在完了形はこわくない！

この章では、
過去形と現在完了形のちがいや
現在完了形の考えかたを見てみよう！

問題⑩
★★★

「この映画、（いついつに）見たことがある」と

言いたいとき、

1. I have seen this movie when I was a kid.

2. I have seen this movie in 2010.

3. I have seen this movie 3 years ago.

4. I have seen this movie last year.

5. I have seen this movie yesterday.

まちがっているのは、どれ？

ヒントは動画で！

過去形と
現在完了形の違い
よくわかるよ！

こたえ　ぜんぶまちがい

正解は、

1. I saw this movie when I was a kid.
2. I saw this movie in 2010.
3. I saw this movie 3 years ago.
4. I saw this movie last year.
5. I saw this movie yesterday.

「いつ」見たか、「いつ」やったかを言いたいときは、過去形で言うよ！

 過去形と現在完了形のちがい、みなさんはパッと言えますか？

英語では、「ランチを食べたよ」と、過去のできごとを言いたいとき、過去形でも現在完了形でも、どちらでも言うことができるんです。

過去形

I ate lunch.

過去に
ランチを食べた
（**過去のアクション**）

現在完了形

I have eaten lunch.

ランチは
もう食べてしまった
（いまの**状態**）

 じゃあ、どっちで言うかは、どうやって決めるの？

 まず、「いついつにランチを食べた」と、それが起こった過去の時間を具体的に言うときや、言わなくても、過去に気持ちが向いているときは、過去形にしてね。

でも、過去に起こったことが、いまもずっとつづいている場合や、その過去の経験をいまの状態（ステータス）として言いたいときは、現在完了形を使うんだ。

いまの状態？

現在完了形は、「過去の経験によって値が変わる RPG ゲームの経験値みたいなもの」と思うと、イメージしやすいです。

たとえば、いま現在の、スーパーファジーの経験値・ステータスはこんな感じ。

たしかに、ゲームでは、過去の経験が、いまのステータス（経験値）につながってるもんね！

 だから、過去のあるときをイメージして、「（そのときに）映画を見たの？」と聞きたいときは、Did you see the movie? と過去形で言うけど、いつ見たかはどうでもよくて、これまでに見たことがあるかないか、いまの経験値を知りたいときは、Have you seen this movie? と現在完了形で聞くんだ。

 だから、「見たことがある」というだけじゃなくて、「いつ」見たか、というのをつけ加えたいときは、I saw it last week. のように過去形にするのを、忘れないでね！

問題⑪
★★★★★

「手を洗った？」は

1. Did you wash your hands?

過去形

2. Have you washed your hands?

現在完了形

どっち？

ヒントは動画で！

メール届いた？
チケット買った？
Did you? or Have you?
こんなときどう言うの？⑬

こたえ どちらも正解

「〜をした」という完了の意味の現在完了形は、アメリカでは過去形で言う人が多いよ。

現在完了形

already, yet, just を使うような
完了を意味する文章のとき

↳ **過去形**
(とくに会話で)

 Did you wash your hands? は、単純に「手を洗った？」ということ。
Have you washed your hands? は、「手は洗ってあるの？（それで、いま、手はきれいなの？）」 というニュアンスが含まれますが、アメリカでは過去形で聞くほうが多いです。

 たとえば、「メール（や小包）が届いてる？」は、Have you received the email (package)? と現在完了形でも言えますが、「メール届いた？」Did you get the email (package)? と、過去形で聞くこともできます。

 現在完了形を使うと、プロフェッショナルな感じ、過去形を使うと、カジュアルな感じがするよ。

問題㊷
★★★

「3年間ここに住んでいます」は、

I live here for 3 years.

どっち?

I moved here 3 years ago.

3年　いま

ヒントは動画で！

for since

現在完了形と過去形
違いがわかる!?

こたえ ✕

正解は、I have lived here for 3 years.

「なん年間〜している」のように、過去のあるときから、いままで、なにかがずっとつづいていることを言いたいときは、現在完了形を使うよ！（つづいている時間の長さは、for で言おう！）

 もし、I lived here for 3 years. と過去形で言ったら、どうなるの？

 それは、「過去、ここに3年間住んでたことがあるけど、いまは、もう住んでいない」という意味になるよ。

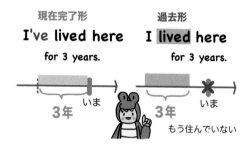

現在完了形　　　　過去形
I've lived here　　I lived here
for 3 years.　　　for 3 years.

3年　　いま　　3年　　いま
　　　　　　　　　　もう住んでいない

 ちなみに、現在完了形の have と has は、会話では省略されて、思った以上に小さな音になるから、注意してね。

 It has は It's で、It is と短縮形が同じなんだね！

I've lived here for 3 years.
現在完了形

I have → I've /v/　　He has → He's /z/
You have → You've　　She has → She's
We have → We've
They have → They've　　It has → It's イッ /its/

126

問題㊸
★★★

「きのうの夜から、具合が悪い」

と言いたいときは、

1. I **am** sick since last night.
　　　現在形
2. I **was** sick since last night.
　　　過去形
3. I **have been** sick since last
　　　現在完了形

night.

どれ？

きのうの夜　いま

こたえ 3. I have been sick since last night.

これも前回の問題と同じ。過去のあるときから現在まで、なにかがつづいているときは、現在完了形を使うよ！

「いま具合が悪い」のは、I am sick.（現在形）だけど、「これが過去からつづいてる」って言いたいときは、I have been sick.と、現在完了形にしなきゃいけないんだね。

ちなみに、過去形で言うと、「もう具合は悪くなくて、元気になった」という意味になるよ！

これは「結婚して1年になる」ということ！

128

問題㊹
★★★

「子どものときからピアノを弾いている」

と言いたいときは、

I have played piano

when I was a kid.

○ ✕

どっち?

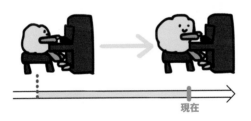

現在

ヒントは動画で！

こたえ ✕

when I was a kid は、「自分が子どものとき」という、過去をあらわしているから、いまにつながる時間をあらわす現在完了形には使えないんだ。when のかわりに、「〜から」という意味の since を使うよ！

 ちなみに、「ピアノを弾く」というのは、日本では play the piano のように、冠詞をつける言いかたがよく知られていますが、現在のアメリカでは、冠詞なしの表現もよく使われています。

 過去形のときは、in や on で時間を言うことがあるけど、現在完了形では since を使うんだね！

現在完了形の時間の言いかた

~~when~~(〜したとき) ◯ since(〜したときから)

since last week	since ~~in~~ 2018	since ~~on~~(曜日・日づけ)
since last year	since ~~in~~ March	since yesterday
since last(なになに)	since ~~in~~(年・月)	などなど

問題㊺
★★★★★

長く会っていなかった友だちに

「ひさしぶり！」と言いたいとき、

1. It's a long time!
現在形

2. It's been a long time!
現在完了形

どっち？

ヒントは動画で！

こたえ 2. It's been a long time!

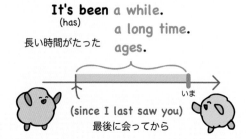

It's been a while.
(has)
長い時間がたった

a long time.

ages.

(since I last saw you)
最後に会ってから

英語で「ひさしぶり」は、「（最後に会ってから）ずいぶん時間がたった」と、現在完了形で言うんだ。

「ひさしぶり」は、Long time no see! でもいいよ。

Oh, it's been a while.
What's up, man?

よっ、ひさしぶり。
元気？

「どうしてたの？（元気にしてた？）」というのも、現在完了形で言うよ。
このとき have の発音に気をつけてね！

How have you been?
（いままでの状態）

How are you?
（いまの状態）

How've you been?
ハゥ　ヴュ　ビン
省略して発音するよ！

ハウハヴユービーン
じゃなかった

おさらい

 現在完了形と過去形、どっちで言うか、わかるかな？

彼は先月、
ゴルフしなかった。

He **didn't play** golf last month.

2 months ago　last month　this month
現在

私はいままでに、
ゴルフしたことがない。

I've never **played** golf before.
(have)

never
現在

彼らは去年の夏、
NY に行った。

They **went** to NY last summer.

last summer
現在

彼らは NY に 2 回
行ったことがある。

They've **been** to NY twice.
(have)

2
現在

133

おさらい

 since と for を使って、文章をつくってみよう！

彼のことは、
1年生のときから知
っている。

I've known him since first grade.

彼女は3日間お休み
してた（もう学校に
もどってきた）。

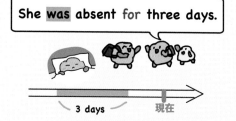

She was absent for three days.

今朝からなにも食べ
てない。

I haven't eaten anything since this morning.

去年からサッカーを
やっているけど、
その前はテニスを
やっていたよ。

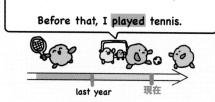

I've played soccer since last year.
Before that, I played tennis.

第7章

「もう〜した？」や
「最近〜にはまってるの！」の言いかた、
それから、
過去に起こったことを話すときの
言いかたがわかるよ！

この章では、
・現在進行形と現在完了進行形のちがい
・現在完了形と現在完了進行形のちがい
・過去形と過去完了形のちがい
などを練習するよ！

問題㊻
★★★★

「もうチケット買った？」と言うつもりで

Have you already bought the ticket?

Did you already buy the ticket?

と聞くと、

「まだ買わなくてもよかったのに、もう買っちゃったの？」という意味になってしまう。

○ ✕

どっち？

ヒントは動画で！

こたえ ◯

already を使うと、「まだしなくてもよかったのに、もうしちゃったの?」という驚きの意味が入るんだ。

単純に、「もう買った?」と聞きたいときは、Have you bought the ticket (yet)? か、Did you buy the ticket (yet)? と言うよ (yet はあってもなくてもどちらでもいい)。

 「お昼ごはん、もう食べた?」とふつうに聞くときは、Did you eat lunch yet? だけど、Did you eat lunch already? と言うと、「(まだお昼ごはんの時間じゃないのに) もう食べちゃったの?」とか、「(いっしょに食べようと思っていたのに) もう食べちゃったの?」というような意味になってしまうから、注意してね。

Is it 7 o'clock yet?

もう7時になった?

Is it 7 o'clock already?

え?もう7時?

138

問題㊼
★★★★

「いま、ハリー・ポッター読んでるんだ」

と言いたいとき、

1. I am reading Harry Potter.
   現在進行形
2. I have been reading Harry
   現在完了進行形
Potter.

どっち？

ヒントは動画で！

現在完了形と
現在完了進行形
のちがい

こたえ どちらも正解

現在進行形でも、現在完了進行形でも、「いま、ハリー・ポッターを読んでいて、それがまだ終わっていない」という意味になるよ。

 もし、「いつから読んでいるのか」「どのくらいの時間読んでいるのか」という、過去の情報をいっしょに言いたいときは、現在完了進行形と、since や for を使って言うんだよね！

現在完了進行形
I have been reading Harry Potter.
(I've)

つづく

since や for で
読んだ時間をあらわす

 ちなみに、現在完了形で言うと、「ハリー・ポッターはもう読みおわった！」という意味になるよ。

現在完了形
I have read Harry Potter.
(I've)

終わった

☑ have read
Harry Potter

問題㊽
★★★★★

「彼女は、英語を教えて8年になります」

（これからも英語を教える予定）

という場合は、

1. She has taught English for 8
   現在完了形
   years.

2. She has been teaching English
   現在完了進行形
   for 8 years.

どっち？

こたえ どちらも正解

仕事や住まい、趣味や習慣のように、ある程度長い時間つづいてきたことは、これからもその状態がつづくことが予想できるので、現在完了形で言っても、現在完了進行形とほとんど意味が変わらないことが多いよ。

現在完了形＝アクションが完了している、現在完了進行形＝アクションが継続する、と覚えている人もいると思います。しかし、実際の会話では、そのときの状況によって、どちらの意味にもなります。

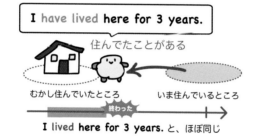

I have lived **here for 3 years.**

住んでたことがある

むかし住んでいたところ　　　いま住んでいるところ

終わった

I lived **here for 3 years.** と、ほぼ同じ

いまも住んでいるかどうかで、意味が変わるね！

I have studied **English for 2 years.**

現在完了形

２年勉強したよ！
という**実績**

これからも
つづくかも

I have been studying **English for 2 years.**

現在完了進行形

今度は
中国語やろうかな

終わるかも

だから、正しい意味は、１つの文だけじゃわからないことがあるんだ。

142

おさらい

 「もう〜した」の already と yet、ちゃんと使いわけできるかな？

彼は、
もう帰っちゃったの？
（驚き）

🏴󠁧󠁢󠁥󠁮󠁧󠁿 Has he **already** left?
🇺🇸 Did he **already** leave?

もう、準備できた？

Are you ready (yet)?

もう、あの映画見た？

🏴󠁧󠁢󠁥󠁮󠁧󠁿 Have you seen the movie (yet)?
🇺🇸 Did you see the movie (yet)?

娘さん、もう1歳に
なったの？
（驚き）

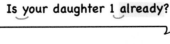

Is your daughter 1 **already**?

おさらい

 まだつづくこと、現在完了進行形と現在完了形であらわしてみよう！

もう 30 分も、
待ってます。
（まだ待っている）

I have been waiting for half an hour.
(I've)

きのうの夜から、
雨が降っている。
（まだ降っている）

It has been raining since last night.
(It's)

彼は、1 月から
ここで働いている。
（まだこれからも働く）

（He has been working でも可）

He's worked here since January.

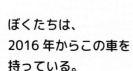

ぼくたちは、
2016 年からこの車を
持っている。
（まだこれからも所有する）

We've owned this car since 2016.

「最近、アニメにはまってるんだ」

と言いたいときは、どう言う？

1. I watch anime recently.

2. I am watching anime recently.

3. I watched anime recently.

4. I was watching anime recently.

5. I have watched anime recently.

6. I have been watching anime recently.

ヒントは動画で！

マイブーム
〜にはまってる
って英語で言える？
時制がわかる！

こたえ 6. I have been watching anime recently.

最近自分がよくやることを言いたいときは、現在完了進行形を使うといいよ！

 現在完了進行形を使うと、「過去のあるときから、アニメをよく見るようになって、それが、これからもしばらくつづきそう」という意味になるから、自分が最近はまってることを言うのにぴったりなんだ。

現在完了進行形

いま

I have been watching anime.
(I've)

ずっと見っぱなし
じゃなくても
使えるよ！

 もし、「いつ頃からやっているか」「どのくらいの期間やっているか」という情報を加えたいときは、現在完了進行形と、since や for で言うんだ。

 わたしは、自分がはまってることを、現在形や現在進行形でも言うよ！

I watch anime.   I am watching anime.

いつものこと(習慣)   **最近**

現在形   現在進行形

現在形や
現在進行形でも
いいよ！

問題㊿

★★★★

「ぼくが駅に着いたとき、

電車はもう出発してた」

と言いたいときは、

1. When I got to the station,
   the train left.
   過去形

2. When I got to the station,
   the train had already left.
   過去完了形

どっち？

ぼくが駅に着いたとき
電車はもう出発してた

ヒントは動画で！

過去完了形 の使い方
よくわかる！
過去形とどうちがう？

こたえ　2. When I got to the station, the train had already left.

過去のあるとき（駅に着いたとき）よりも、もっと前になにかが起こった、ということを言いたいときは、過去完了形を使うよ。

 the train leftと過去形で言うと、「ぼくが駅に着いたあとに電車が出発した」みたいになって、電車に乗れたのか、乗れなかったのか、できごとの順番がわかりにくくなるんだよね。

 でも、過去に起こったできごとをいくつか話したいときは、どこから過去完了形にすればいいの？

順番に言うときは過去形で

I got up at 7.

I ate breakfast.

and went to school at 7:40.

 時間の順番どおりに言うときには、過去完了形は使わず、ぜんぶ過去形だけでいいよ。過去完了形は、順番どおりじゃなくて、その前に起こったことをさかのぼって話すときに、使うんだ。

問題(51)

★★★★

「テレビをつけたら、

自分の好きな番組がはじまった」

と言いたいときは、

1. When I turned on the TV,
   my favorite show started.
   過去形

2. When I turned on the TV,
   my favorite show had already started.
   過去完了形

どっち？

こたえ 1. When I turned on the TV, my favorite show started.

テレビをつけたのと、番組がはじまったのとが、順番に起こっているから、過去形で言うよ！

 もしこれが、テレビをつけたときに、もう番組がはじまっていたなら、過去完了形で言ってね！

When I turned on the TV, my favorite show had already started.

テレビをつけたら
わたしの好きな番組は
もうはじまっていた。

ちなみに、過去完了形は、文字で見るとちがいがはっきりわかるけど、話すときには、had が短縮形になって、ほとんど /d/ の音は聞こえないよ。よく発音を聞いて練習してみよう！

	過去完了形	過去形
書くとき	I had left	I left
話すとき	/d/のすき間 I'd left	I left

ちがいは、ほんのわずかだけ！

ちがいがわかる？

過去完了形	過去形
I'd left	I left
you'd left	you left
he'd left	he left
she'd left	she left
we'd left	we left
they'd left	they left

/d/ で一瞬音がとまった感じ　　なめらかに音がつながる感じ

おさらい

 自分が最近はまっていること、現在完了進行形で言ってみよう！

（最近）彼女は、
K-ポップに
はまっている。

She has been listening to K-pop.*
(She's)

*好きな音楽に
変えて練習してね

（最近）彼は、ごはん
の量を減らしている。

He has been eating less rice.*
(He's)　　　*減らしたい食べもの

Before

最近、おじいちゃんと
おばあちゃんは、
韓ドラにはまっている。

My grandparents have been watching
Korean dramas* recently.

*よく見る番組

最近わたしは、
ジャンクフードに
はまっている。

I have been eating junk food* lately.
(I've)　　　*はまっている食べもの

151

おさらい

 起こったできごとの順番に合わせて、英語にできるかな？

友だちの家に行った
けど、その子はすぐ
出かけなきゃいけな
かった。

I went to a friend's house,
but she had to leave soon.

友だちの家に行った
けど、その子はもう
出かけていなかった。

I went to a friend's house,
but she'd already left.
(had)

家に帰ったとき、
お母さんはいなかっ
た。

My mom wasn't there
when I came home.

家に帰ったとき、
お母さんはもう出か
けていた。

My mom had already gone out
when I came home.

第８章

過去進行形って
じつは使える！

この章では、
・「ちょうどいま〜しようと思ってたとこ！」
・「〜しようと思ってたのに、忘れてた！」
など、過去進行形の使いかたを練習するよ！

問題 52

★★

お風呂が終わったことを

あらわしているのは、

1. I took a bath.
   過去形

2. I was taking a bath.
   過去進行形

どっち？

ヒントは動画で！

過去形 と
過去進行形
どうちがう？

こたえ 1. I took a bath.

過去形で言うと、「もうお風呂は終わった」ということ。

 過去進行形を使うと、「(そのとき) お風呂はまだ終わってなかった／お風呂の途中だった」という意味になるよ。

お風呂に入ってた。
電話が鳴ったときは。

 あれ？　でもお風呂に入ってる「ときに」電話が鳴った、だったら、When I was taking a bath, the phone rang. って言わないの？

 それもまちがいじゃないけど、ふつう、when は過去形にくっつくことが多いんだ。過去進行形にくっつけたいときには、while をつけて、

The phone rang while I was taking a bath.

って言うよ。

問題㊾
★★★★

友だちから電話がかかってきて、

「いま、わたしも電話しようと

思ってたとこ！」と言いたいとき、

1. I am thinking about calling you.
　　　　現在進行形
2. I was thinking about calling you.
　　　　過去進行形

どっち？

ヒントは動画で！

こたえ 2. I was thinking about calling you.

電話が鳴ったその時点で、「ちょうど電話しようと思っていた」わけだから、過去進行形で言うよ。もし現在進行形で言うと、「いまも、電話しようかどうしようか、考え中」という意味になっちゃうよ。

 「ちょうど〜しようと思ってた」の言いかたは、ほかにも2つあるよ！

問題⑤④
★★★★

電話するつもりだったのに、
すっかり忘れてた！
「電話するつもりだった」は、

1. I am going to call her.

2. I was going to call her.

どっち？

電話するつもり
だったのに！

ヒントは動画で！

こたえ 2. I was going to call her.

was ／ were going to は、「〜しようと思ってた（問題㊳）」のほかにも、「〜するつもりだった（のに、できなかった／忘れてた）」というときにも使えるよ。

 be going to を、未来の予定を言うだけじゃなくて、過去にやるつもりだったこと、忘れてたことにも使ってみてね！

カード送ろう！　　未来

現在

I am going to send a card
for her birthday.

過去　　カード送るつもりだったのに！

現在

I was going to send a card,
but I completely forgot!

 I was going to は「アイワズゴーイングトゥ」じゃなくて、I was gonna「アワズガナ」のように発音するよ！

160

問題㊺
★★★

学校に遅刻しないよう
「7時に起きることになってる」
と言いたいときは、

1. I am going to wake up at 7.
2. I am supposed to wake up at 7.

どっち?

こたえ 2. I am supposed to wake up at 7.

be going to は、自分から進んで「〜しよう」と向かっていく感じだけど、be supposed to は、約束やルールなどのせいで「〜しなくてはいけない」、「〜することを期待されている」という意味になるよ。

だから、「仕事やルール、約束などで、〜するはずだった (のに忘れてた)」と言いたいときには、be supposed to を過去形にするといいよ。

 「電話するはずだったのに」と言うときも、was ／ were going to と、was ／ were supposed to では、ちょっと意味がちがうんだね！

おさらい

 過去形と過去進行形、どう使うか、覚えてる？

彼女は、
サッカーしていて
転んだ。

She was playing soccer when she tripped.

いま

家に帰る途中、
友だちに会った。

I was walking home, when I saw my friend.
ウェンィ

ぼくたちが家を出た
ときは、
雨は降ってなかった。

It wasn't raining when we left the house.

腰を痛めちゃったん
です。
雪かきしていて。

I hurt my back while I was shoveling snow.
ワラィワ

おさらい

 〜するはずだったのに、〜するつもりだったのに、って言える？

カップケーキはどこ？
食べようと思ってた
のに！

パーティーに行くは
ずだったけど、つか
れていてムリ。

請求書、支払うはず
だったのに、忘れてた！

３時までに着くはず
だったのに、渋滞に
巻きこまれた。

第9章

お店で注文するときや、
人になにかをおすすめする
ときの言いかた、
「やっときゃよかった／
やらなきゃよかった」など
日常生活に役立つ
言いかたがいっぱい！

この章では、
　・can の使いかた
　・must と have to のちがい
　・should と could
　・should have と should not have
　・let me の使いかた
などを練習するよ！

You can do it!

問題㊏

★

「チーズバーガーください」は

1. Give me a cheeseburger, please?

2. Can I have a cheeseburger, please?

どっち？

ヒントは動画で！

こたえ 2. Can I have a cheeseburger, please?

お店で食べ物を注文するときは、Can I have 〜か、I'd like a cheese burger. または、I'll have a cheeseburger. などと言うよ。give me は、「くれくれ！」と言っている感じがして、行儀が悪く聞こえるんだ。

 can は、「〜できる」っていう、能力をあらわすほかに、Can I 〜?、Can you 〜? で、おねがいをしたり、許可をもらったりできるんだよね。

Can I have ice cream, please?
アイスクリームちょうだい

Can I use a calculator?
計算機、使ってもいい？

問題⑰

★★★★

「夜は寒いかもしれない」

と言うときは、

1. It can be cold at night.

2. It might be cold at night.

どっち?

こたえ　どちらも正解

It can be cold at night. は、過去に「夜は寒かった」という経験をして、そこから、「ときどきそういうことがある。寒い可能性がある」と知っている感じ。

It might be cold at night. は、単純に「夜は寒いかもしれない」と推測している感じになるよ。

 can には、可能性の意味もあるんだね！

My teacher can be really funny.
わたしの先生はすごくおもしろいときがある

 そう。だから、can の過去形の could も、「〜かもしれない (can よりも確信度の低い可能性)」の意味で使うことがあるよ。

It could get really hot later today.
今日は、のちほど、とても暑くなるかもしれません

 この could には、過去の意味はなくて、未来を推測しているんだね。

問題⑧
★★★★

この本は、おもしろいからおすすめ！

「ぜったいに読んだほうがいいよ」は、

1. You can read this book.

2. You must read this book.

3. You have to read this book.

どれ？

こたえ 2. You must read this book.
3. You have to read this
book. どちらでもいいよ！

You must read this book. や You have to read this book. は、「本を読まなきゃいけない」という意味のほかに、「この本は必読！（おすすめ）」という意味で使うことがあるよ。

ちなみに、1. You can read this book. は、「この本を読んでもいいよ」と許可を与えている感じ。おすすめの意味にはならないんだ。

 「〜しなきゃいけない」という意味で使う場合、must は自分の意志でそう思う、have to はまわりの状況や約束ごとで「〜しないと」と思う、というちがいがあるんだ。（会話では have to をよく使うよ！）

困っている人を助けなきゃ！

自分の意志

I must go.

I must save people in need.

歯医者さんの予約がある

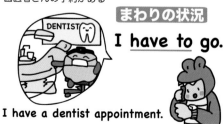

まわりの状況

I have to go.

I have a dentist appointment.

問題㊟
★★★★

「（来るときは）手ぶらでいいよ」
と言いたいときは、

1. You mustn't bring anything.

2. You don't have to bring anything.

どっち？

こたえ 2. You don't have to bring anything.

You don't have to bring anything. は、「なにか持ってきたかったら、持ってきてもいいけど、べつにいいよ」ということ。
You mustn't bring anything. は、「なにも持ってきてはいけない」の意味になるよ。

> **You must not drink coffee.**
> コーヒーを飲んではいけない

> **You don't have to drink coffee.**
> コーヒーを飲まなくてもいい

 ちなみに、「〜してはいけない」と言いたいとき、must not 以外にも、いろんな言いかたがあるんだよね。

 そう。ほかには、Don't park here. とか、
You are not allowed to park here.
You have to park somewhere else. のように言えるよ。

おさらい

 いろんな can の使いかた、覚えてる？

見て、あそこ！
見える？

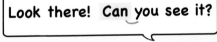

Look there! Can you see it?

キャッチボール
できる？

Can you play catch?

これ持ってくれる？

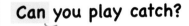

Can you hold this for me?

東京は、ホテルが
すごく高いことがあ
る。

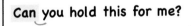

Hotels can be very expensive in Tokyo.

おさらい

 must と have to を使ってみよう！

わたし、この映画
見に行かないと！

火曜日までに
この宿題プリント
終わらせないと。

このレシピ
試してみて！
すごくおいしいから。

学校では、制服を着
なきゃいけないの？

問題⑥⓪
★★★★

彼女へのプレゼントを

どれにしようかまよっている友だちに

「お花をあげるのはどう？」

とすすめるときは、

1. You should give her flowers.

2. You could give her flowers.

どっち？

ヒントは動画で！

大人の
should
could
アドバイス・提案の言い方

こたえ　どちらも正解

「ぜったいお花がいいよ」と、強くすすめるときは should、「お花をあげるのもいいんじゃないかな」と軽くすすめるときは could を使うよ。

 人になにかを提案・アドバイスするときに、should を使うと、上から目線の強い口調に感じられることがあるから、probably を使って言葉をやわらかくするといいよ。

 逆に、「〜しなくちゃ」と自分に言うときには、should をじゃんじゃん使っていいよ。

問題⑥
★★★★

どこかへ行こうと思って、

交通手段をたずねたら、

You could take a bus.

と言われたよ。これは、

「あなたは（過去に）バスに乗れた」

ということ。

どっち?

こたえ ✗

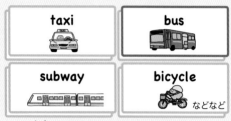

couldはいろんな**チョイス(可能性)**を提示する

You could take a bus. は、「バスに乗っても行けるよ」という意味。軽い提案やアドバイスとして「バスに乗るのもアリ」と、可能性を提示する言いかたで、過去の意味はないんだ。

 日常会話では could は、「～できた」という can の過去の意味よりも、現在や未来の可能性を、やんわり言うときに使うことが多いよ。

 could は、押しつけがましくなくていいね。

> You could give her flowers.

お花をあげるのがいいんじゃない？

> We could hang out over the weekend.

週末、遊ばない？

問題⑥

★★★★★

「もっと英語勉強すればよかった」と

過去のことを後悔するとき、

1. I should studied English more.

2. I should have studied English more.

どっち?

やっときゃよかった

ヒントは動画で！

should have ＋過去分詞
やればよかった！の言い方

こたえ 2. I should have studied English more.

「やっときゃよかった」と、過去のことをふりかえるときは、should have ＋過去分詞を使うよ。

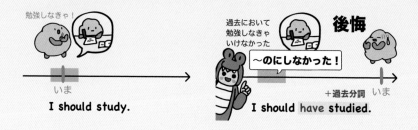

have ＋過去分詞で、過去のことをあらわせるんだ。
ちなみに should have ＋過去分詞を、自分以外の人に使うと、「〜すればよかったのに」と相手を非難する言いかたになるよ。

could have ＋過去分詞も同じような感じだね！

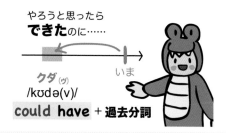

問題⑥③
★★★★★

「こんなに食べなきゃよかった」と言うときの
I should not have eaten so much. は、
I shouldn't've eaten so much. のように
省略して発音することがある。

〇 ✕

どっち?

こたえ ⭕ I shouldn't've eaten so much.

日常会話では、should have や could have、should not have は短縮形で話すことが多いよ。自分が話すときには、短縮形でなくてもいいけれど、海外のドラマや映画を字幕なしで楽しみたい人は、発音をよく聞いて、耳を慣らしてね。

 まず、have の /h/ は省略されて、/v/ の音は、つぎに来る動詞が子音ではじまる場合には、「ヴ」と息を出さないから、ほとんど聞こえないんだ。カジュアルには、以下のように発音するよ。

やればよかった
should have + 過去分詞
ʃʊd həv
ʃʊdə(v)
シュダ(ヴ)

やればできたのに
could have + 過去分詞
kʊd həv
kʊdə(v)
クダ(ヴ)

やらなきゃよかった
shouldn't have + 過去分詞
ʃʊdᵊnt həv
ʃʊdnə(v)
シュドゥヌ(ヴ)

問題(64)

★★★

「ぼくにもやらせて！」

と言いたいときは、

1. I will do it!

2. Let me do it!

どっち?

ヒントは動画で！

こたえ 2. Let me do it!

「(なにかを) やらせて！」とおねがいするときは、Let me ＋動詞の原形で言うよ。I will do it! だと、「自分がやる！」と言うだけで、おねがいのニュアンスはないんだ。

 let は、let ＋ (だれだれ) ＋動詞の原形で、「だれだれが〜するのをゆるす」という意味になるんだけど、日常会話では、Let me ＋動詞の原形の命令形にして、「ぼくに〜させて！」という意味でよく使うんだ。

My parents let me watch YouTube.
主語
ゆるす！
わたしの親は、ユーチューブ見せてくれる

They <u>don't</u> let you watch YouTube.

No!

Let me watch YouTube!
命令形　ユーチューブ見せて！

 let me は、「レットミー」じゃなくて、「レミ (lemme)」のように発音してね！

Wait! Let me take a picture.

待って！写真とらせて！

186

問題⑥⑤
★★★

Let me ～は、
「～させて！」「やらせて！」と
子どもがおねがいするときだけじゃなくて、
大人がていねいに話すときにも使う。

○ ✕

どっち？

こたえ ◯

Let me ～は、「～しますね」と、自分がこれからやることを相手に伝えるときや、Let me know ～で、「教えてください（tell me）」の意味で使ったりするんだ。

 たとえば、仕事の打ちあわせで、「スケジュールチェックしますね」と言うときは、I will check my schedule. ではなくて、Let me check my schedule. と言うよ。

Let me check my schedule.

 それから、言葉につまって「え～っと……」と考える間をとるときにも、Let me see. や Let me think. と言うよね。

Let me see. When was it?

え～っと、いつだったっけ

おさらい

 なにかを提案するとき、should と could を使ってみよう！

（いろんな行きかたが
あるけど）地下鉄で
も行けるよ。

かさを持っていった
ほうがいいよ。

うちに来てもいいよ。

もう、
うちに帰らなくちゃ。

おさらい

「～すればよかった」って言えるかな？

昨日やればよかった。

I should have done it yesterday.
(should've)

写真とればよかった。

I should have taken a picture.
(should've)

もっと早く起きれば
よかった。

I should have woken up earlier.
(should've)

かさ持ってくればよ
かった。

I should have brought an umbrella.
(should've)

おさらい

 Let me know で、ていねいに教えてもらおう！

ご意見を教えてくだ
さい。

＊ていねいにしたいときは、Please let me know 〜で

Let me know **your opinion.**

空いてる時間を教え
てください。

Let me know **when you are free.**

助けがいるときは、
声をかけてください。

Let me know **if you need help.**

来るんだったら連絡
してね。
（いらっしゃるなら、
ご連絡ください）

Let me know **if you are coming.**

著者：スーパーファジー

福井県生まれ。東京大学教養学部アメリカ科卒業。電通でCMプランナーとして勤務したのち、イギリスに留学。ロイヤル・カレッジ・オブ・アート卒業。パリで結婚し2児の母に。現在ロサンゼルス在住。ウェブサイトのつくりかたを独学し、2017年1月『あいうえおフォニックス』をつくる。以降、視聴者のリクエストにこたえる形で、YouTubeチャンネル『あいうえおフォニックス』で動画を配信している。

ウェブサイトURL https://aiueophonics.com/
YouTubeチャンネルURL https://bit.ly/3amGC9g

あいうえおフォニックスの英会話
こんなとき英語でどう言うの？

2021年11月20日　初版発行

著者／スーパーファジー

発行者／青柳昌行

発行／株式会社KADOKAWA
〒102-8177　東京都千代田区富士見2-13-3
電話0570-002-301（ナビダイヤル）

印刷・製本／図書印刷株式会社

編集協力／小山哲太郎（リブロワークス）
デザイン／風間篤士（リブロワークス デザイン室）
編集／豊田たみ（KADOKAWA）

※QRコードについて
カバーおよび本文に掲載しているQRコードは、2021年11月20日時点のものです。